**NATIONAL GEOGRAPHIC**

# Peldaños

# DESCUBRIMIENTOS
## OCULTOS

# El oro de un guerrero

**por Glen Phelan**

Una noche a fines del siglo VII, un grupo pequeño de personas viajaba a través de la campiña inglesa. No estaba de paseo. Probablemente eran soldados. Salieron del camino y subieron una colina pequeña. Los arbustos crecían bajo. El bosque oscuro se elevaba a la distancia. En ese lugar solitario, los guerreros enterraron su oro. Allí quedó hasta un día de verano en 2009.

# Se encuentran los objetos

El 5 de julio de 2009, Terry Herbert caminaba sobre esa misma colina con su detector de metales. Ciertos metales tienen una **propiedad** poco común. Se pueden volver **magnéticos** cuando la electricidad fluye cerca, incluso si están enterrados a un pie bajo tierra. El detector de metales hace que los objetos de metal se vuelvan magnéticos con la electricidad. Cuando el detector siente una fuerza magnética, produce un sonido *bip, bip, bip*. Eso es lo que oyó Terry cuando movía el detector sobre ciertos lugares.

Una moneda colocada junto al objeto muestra el tamaño del objeto.

Terry no sabía qué iba a encontrar. Quizá algún pedazo de chatarra. Quizá unas cuantas monedas. Imagina lo emocionado que estaba cuando excavó objetos de plata y de oro. Algunos estaban decorados con piedras preciosas rojas llamadas granate. Este era el oro que los guerreros habían enterrado hace siglos. Terry sabía que este era un descubrimiento importante. Era importante ser responsable. Terry llamó a las autoridades, y luego ellas llamaron a los arqueólogos, los científicos que estudian el pasado antiguo.

Terry Herbert usa guantes para evitar que la suciedad y el aceite de sus manos toquen los objetos.

# El Tesoro de Staffordshire

Terry había encontrado uno de los mayores tesoros jamás descubiertos. Como Terry avisó a las autoridades correspondientes, los arqueólogos pudieron excavar más de 3,500 piezas. El hallazgo se hizo conocido como el Tesoro de Staffordshire. Staffordshire es el nombre del condado inglés en el que fue encontrado.

> Esta pieza iba adheri[da]
> al casco. Protegía la
> cara de los soldados.
> El oro puro es un met[al]
> bastante blando. Mez[clar]
> oro con otros metales
> hacen más fuerte.

La mayoría de los objetos del tesoro son de oro. Los objetos valen más de $5 millones. Sin embargo, eso no es lo más interesante para los arqueólogos y los historiadores.

Casi todos los objetos del tesoro son una parte de equipos militares. Eso es extraño, pues la mayoría de los descubrimientos incluyen monedas y joyas. El tesoro está constituido por puños de espadas, cascos y otros objetos de batalla. Las hojas de las espadas, sin embargo, no están. Además, muchos de los objetos están doblados o rotos. Parece que los hubieran destruido a propósito. ¿Por qué los guerreros se llevarían las hojas y las joyas? ¿Por qué doblarían y enterrarían los objetos?

> Esta banda dorada es parte de la empuñadura de una espada.

# Qué significa el tesoro

A menudo las personas enterraban el oro para que estuviera a salvo. Quizá esperaban regresar por él; quizá lo enterraban como ofrenda religiosa; quizá seguían una vieja superstición.

Los investigadores no están seguros de por qué se enterraron estos objetos, pero tienen algunas ideas. Una es que el equipo militar era del ejército de un noble al que habían vencido.

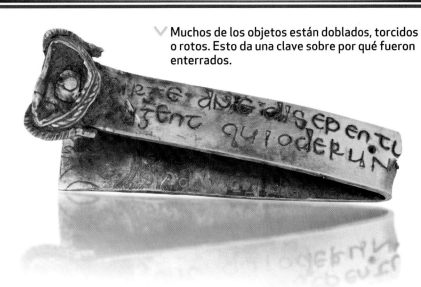

Muchos de los objetos están doblados, torcidos o rotos. Esto da una clave sobre por qué fueron enterrados.

Pero, ¿por qué las piezas están dobladas o rotas? Doblar o romper el oro no cambia sus valiosas propiedades.

En el siglo VII, las personas creían que el oro era mágico. Creían que el oro protegía a su dueño. Intentaban "matar" su propiedad al doblarlo o romperlo. Así, no protegería a los enemigos que lo encontraran.

Esta es solo una idea de quién enterró las armas y por qué. Los historiadores y los arqueólogos continuarán estudiando los objetos y aprendiendo más. Quizá entonces sepamos la historia completa del Tesoro de Staffordshire.

Los diseños son muy detallados. Por lo tanto, los orfebres deben haber trabajado mucho en ellos.

**Compruébalo**  ¿Cómo pudo Terry separar la mezcla de oro y tierra?

# El descubrimiento de un desastre del pasado

por Judy Elgin Jensen

No todos los descubrimientos relucen y brillan. Algunos objetos solo contienen claves del pasado. Eso los hace especiales. Hace dos mil años, la antigua ciudad romana de Cesarea tenía el puerto más grande de la costa oriental del mar Mediterráneo.

Y luego ocurrió un desastre. Los registros escritos dicen que una ola gigante destruyó el puerto. ¿Realmente ocurrió eso? ¿Qué la causó? Nadie había encontrado evidencias de la ola hasta ahora.

**BEVERLY GOODMAN** es geoarqueóloga. Explora las costas marinas en busca de claves de sucesos naturales que ocurrieron en el pasado. La Dra. Goodman descubre cómo estos sucesos afectaron a las personas en la antigüedad. Luego, predice cómo sucesos similares pueden afectar a las personas que viven junto a estas mismas costas en la actualidad.

**Cesarea se ubica en el Israel actual.**

# Respuestas
## EN UN TUBO

Beverly Goodman es parte de un equipo. El equipo estudia muestras básicas para descubrir qué sucedió en Cesarea. Para obtener una muestra básica, se inserta un tubo en el fondo del mar. Luego se hala el tubo. Dentro de él hay capas de **sedimentos** que se han acumulado en el fondo del mar por cientos de miles de años. Observar la **mezcla** de arena, gravilla y otros sedimentos es como observar el pasado.

La Dra. Goodman se sumerge en el fondo del mar con el tubo que se usó para obtener la muestra básica.

La Dra. Goodman encontró una capa de conchas marinas en la muestra básica que estudiaba. Las pruebas indicaron que las conchas marinas provenían de la época en la que se destruyó el puerto. Ella sabía que esta capa de conchas marinas tenía una historia que contar.

No es raro encontrar conchas marinas en una muestra básica. Las conchas marinas son parte del sedimento que se acumula en el fondo del mar. Por lo general, una capa de conchas marinas es tan delgada como tus dedos. ¡La Dra. Goodman observaba una capa de casi 1 metro (3 pies) de alto! Casi todas las conchas marinas estaban rotas.

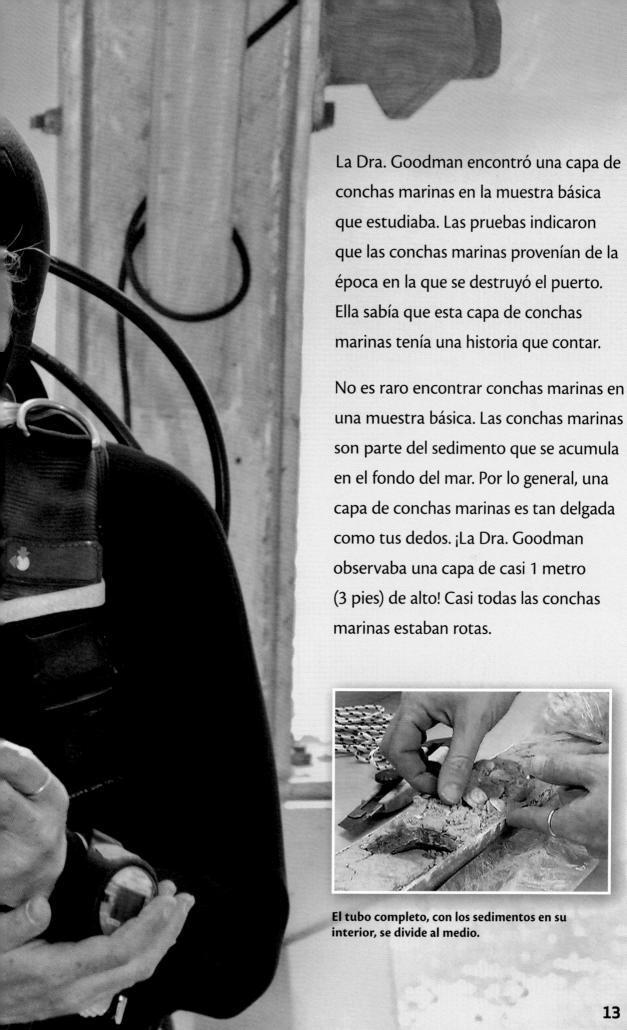

El tubo completo, con los sedimentos en su interior, se divide al medio.

# Las conchas marinas
## relatan la historia

La gruesa capa de conchas marinas rotas significaba que un poderoso suceso había arrastrado las conchas marinas al área. ¡Una ola gigante sí destruyó la bahía! La Dra. Goodman incluso podía saber la dirección de la ola por como estaban alineadas las conchas marinas.

Esto es lo que la Dra. Goodman cree que sucedió. Primero, hubo un terremoto al norte de Cesarea. La energía del movimiento de la roca durante el terremoto causó un **tsunami**. Esta ola gigante se desplazó por el mar a toda velocidad. El tsunami levantó las conchas marinas y las hizo pedazos. Por último, la ola rompió en el puerto y lo destruyó.

Puerto formado por dos enormes muros que sobresalen en el mar.

En el pasado, el hipódromo se usaba para eventos deportivos. Todavía se visita en la actualidad.

La Dra. Goodman planea reunir evidencias de otros tsunamis de la antigüedad en la costa del Mediterráneo. Esto la ayudará a predecir dónde pueden ocurrir tsunamis en el futuro. Así, se puede evitar construir en esas áreas.

Templo que homenajeaba al emperador romano César Augusto, quien da el nombre a la ciudad

El anfiteatro se sigue usando en la actualidad para espectáculos.

Muro protector que rodea a Cesarea

Palacio del rey Herodes, quien construyó Cesarea

## DIBUJO DE LA ANTIGUA CESAREA

**Compruébalo** ¿Qué claves brindó la capa de conchas marinas a la Dra. Goodman sobre cómo se destruyó el antiguo puerto de Cesarea?

# Todo lo que brilla

por Kathleen F. Lally

¡Oro! Estaba en la mente de muchas personas hacia fines del siglo XIX. Alguien había encontrado pepitas de oro en un río del noroeste de Canadá, cerca del Estado estadounidense de Alaska. Después de ese descubrimiento, miles de personas se desplazaron allí rápidamente en busca de oro. Provenían de todo el país y de todo el mundo. ¡Se había iniciado una fiebre del oro!

> Buscador de oro en Alaska, 1899

# En busca
## del oro

Los mineros sacaban gravilla y arena del río con bateas redondas poco profundas. A veces, los trocitos de oro eran parte de la **mezcla.** Los mineros sostenían las bateas bajo el nivel del agua y revolvían la mezcla suavemente. El agua arrastraba los materiales más livianos. Los trocitos pesados de piedra y oro permanecían en la batea. Los mineros recogían el oro de la mezcla.

¿Qué hace que el oro sea tan preciado? El oro es valioso porque es poco común. También tiene **propiedades** o características especiales. Una de las propiedades del oro es su bello color amarillo. También se puede pulir y moldear.

# En busca de ópalos

Muchos otros materiales naturales tienen propiedades valiosas.
Compara el oro con el ópalo, por ejemplo. Los bellos ópalos
se cortan y se pulen para hacer piedras preciosas. Los colores
relucen y danzan cuando inclinas un ópalo pulido en tu mano. Esta
propiedad proviene de la manera en que el ópalo refracta la luz.

Muchos ópalos preciosos provienen de Denio, Nevada. ¿Sabes
algo? ¡Tú mismo puedes buscarlos! Las minas de ópalo son
grandes bancos de tierra sobre el suelo. Puedes usar un rastrillo
para tamizar el suelo suelto. Esto ayuda a separar los ópalos del
resto de la mezcla de suelo. También puedes usar un pico para
excavar en una nueva área. Presta atención a un tintineo, como el
metal que golpea el cristal. ¡Quizá hayas golpeado un ópalo!

**Los ópalos en bruto dan un indicio de su belleza.**

Puedes ver el ópalo en bruto en la mezcla rocosa.

El pulido revela los diferentes colores del ópalo.

El destello brillante del ópalo hace que sea una joya apreciada.

# En busca del jade

Dejemos las minas de ópalo y dirijámonos a Big Sur, California. Aquí se puede encontrar jade en las rocas del fondo del mar. ¡Observa con atención! También se pueden encontrar trozos de jade en la mezcla de guijarros de las playas. El jade no reluce como el ópalo. Tiene principalmente tonos de verde apagado. El jade que está cerca del agua variará de verde claro a azul y negro. También lo puedes encontrar en los acantilados circundantes. El hierro en el suelo puede mancharlo de amarillo, anaranjado y rojo.

Jade Cove,
Big Sur, California

Si tienes problemas para encontrar trozos de jade, solo espera un poco. Las olas y las mareas revuelven y dan vuelta la mezcla de rocas. La marea baja es perfecta para buscar jade. Las rocas todavía están húmedas. Eso puede hacer que sea más fácil detectar el jade verde o azul en la mezcla rocosa.

El jade se ve brillante cuando está húmedo.

Las rocas de jade sin pulir se sienten ásperas.

El jade es muy resistente. No se rompe con facilidad. Por lo tanto, los artistas pueden tallarlo y darle formas delicadas.

# En busca de diamantes

Ahora, ¿te gustaría buscar diamantes? Visitemos el Parque Estatal Cráter de Diamantes, en Arkansas. Puedes pasar por el tamiz los restos de un cráter volcánico antiguo. Este fue uno de esos raros volcanes que llegan a las profundidades de la Tierra, donde se forman los diamantes. Los diamantes salieron a la superficie cuando el volcán entró en erupción. El volcán se erosionó hace mucho tiempo. Los diamantes no. Los diamantes son extremadamente duros. Están mezclados con el suelo hasta que alguien los separa.

Debes observar con atención para encontrar diamantes en la mezcla de suelo. La mayoría de los diamantes no son más grandes que la punta de un bolígrafo. Además, los diamantes en bruto no brillan. Se parecen más al metal y pueden llegar a sentirse aceitosos. Los diamantes cortados brillan porque separan la luz en un arcoíris de colores.

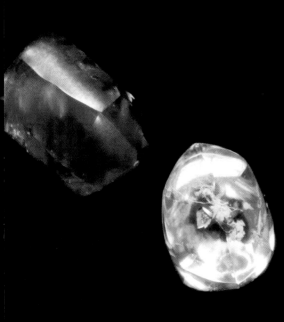

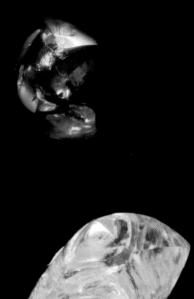

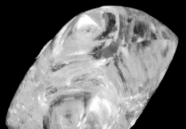

Se ha encontrado un solo diamante perfecto. Es el diamante Strawn-Wagner. Shirley Strawn lo encontró en 1990 en el Parque Estatal Cráter de Diamantes. Se exhibe en el centro de visitantes.

∧ **Un diamante perfecto es muy poco común. La mayoría de los joyeros nunca ha visto uno.**

## Comenta

1. ¿Cómo se conecta el título *Descubrimientos ocultos* con las tres lecturas?

2. Compara y contrasta las maneras en las que se hicieron los descubrimientos en "El oro de un guerrero" y "El descubrimiento de un desastre del pasado".

3. Describe tres maneras en las que se pueden separar los materiales preciosos de las mezclas en las que se encuentran.

4. Cita evidencias de "El descubrimiento de un desastre del pasado" que confirmarían que la energía del tsunami causó la destrucción del puerto.

5. ¿Qué te sorprendió sobre los descubrimientos en este libro?